DESCONFORTO

LUIZ ALBERTO MENDES

REFORMATÓRIO

Copyright © Editora Reformatório, 2013.
Desconforto © *Luiz Alberto Mendes, 2013.*

Editores
Marcelo Nocelli
Rennan Martens
Robson Gamaliel

Revisão
Marcelo Nocelli

Foto de capa
Daniel Lima
Divino Studio

Foto (página 3)
Título: Sing Sing - Prison Cell
Brain News Service (entre 1910 e 1915)
Parte da George Grantham Bain Collection - Library of Congress

Projeto Gráfico, Capa
Leonardo Mathias | flickr.com/leonardomathias

M538d	Mendes, Luiz Alberto.
	Desconforto. / Luiz Alberto Mendes.
	São Paulo: Editora Reformatório, 2013.
	ISBN 978-85-66887-03-7
	1.Poesia brasileira 1.Título.
	CDD – B-869.1

Índice para catálogo sistemático:

1.Poesia brasileira : Literatura brasileira   809.1

Todos os direitos desta edição reservados à:

Editora Reformatório
www.reformatorio.com.br

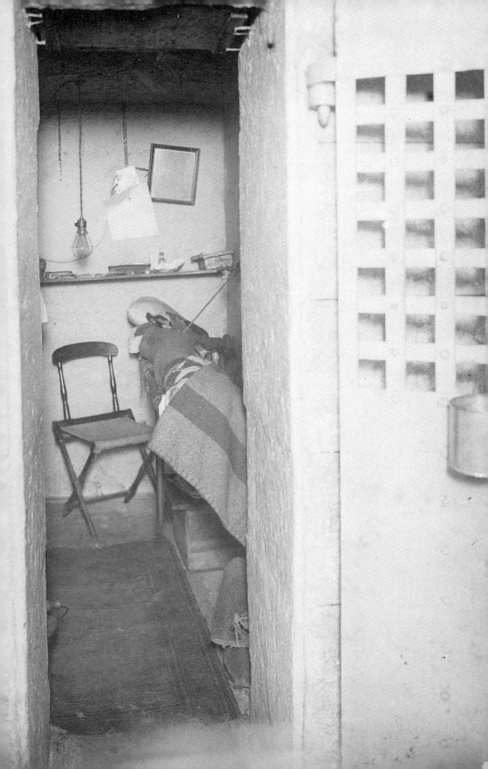

SUMÁRIO

25.805 21

DE FATO 23

EU 25

EPITÁFIO 27

QUANTAS VEZES... 29

OUTROS 31

INTERPRETAÇÃO 33

NÃO ME VEJO 35

PROCURAR 37

CLARO E ESCURO 39

O QUE FAZEMOS DE NÓS 43

PERDIDO 45

RENASCER 47

DIA 49

SANIDADE 51

MÁQUINA 53

FRÁGIL 55

PALAVRAS 57

EM SI 59

BONS TEMPOS 61

NORMALMENTE 63

BUSCA 65

SENTIDO 67

TENTO 69

RAIOS E TROVÕES 71

DOR 73

SIGO 75

OS OUTROS 77

PEQUENA LÁGRIMA 79

TRISTEZA COMPARTILHADA 81

ATINGIR 83

SEGUIR 85

CULPADO 87

VAZIO 89

AVIDEZ 91

PARVO OU POETA 93

SOBREVIVENTE 95

TENTANDO POESIA... 97

CONFUSÃO 99

DURA AFLIÇÃO 101

VERDADES 103

CAMINHOS 105

FUGA 107

VIVO! 109

A LUTA 111

OUVIR 115

VIAGEM 117

CONSUMO 119

LUGAR 121

MEDO 123

ENCANTO 125

CLANDESTINO 127

INCONTÍVIES 129

QUERER 131

QUERIA 133

DESCONHECIDO 135

CONSCIÊNCIA 137

QUANDO 139

INSÔNIA 141

COMO UMA PEDRA 143

HUMANISMO 145

SONHO 147

FUTUROS 149

VONTADE 151

MELANCOLIA 153

DESPEDIDA 155

TESTAMENTO 157

RELER 159

Ao amigo e poeta Henrique Moreno onde estiver

Apresentação

A sede e a fome de nossos poetas

Eu convertido em estrutura de linguagem breve, simples e necessária.

Entre - tanto, um leve rebuliço nas orlas do que se pode dizer, pospondo o antes ao depois, promove uma destemporalização desse sujeito que se faz e se desfaz; expande-se e se retrai até o limite de um abismo – vida e morte em ação pela palavra.

As passagens são várias; assim como as paisagens. Meninice em trânsito na sensação de passar pelo mundo sem pouso, como vento. Mas como monumento também:

Menino vê se te cresce
Senão o mundo acaba
Que te esquece.

Uso da vontade de se agarrar em um galho depois da tormenta do corpo, que se tornou carne e sangue e asfalto e se dissolveu na dureza das paredes que absorviam o tempo no aquém das grades. Vontade de se agarrar e se jogar contínuas uma a outra – jogo ininterrupto que só o poeta pode realizar entre o mundo e aquilo que quer fazer de si no suspenso do instante.

Durante o jogo, esse mundo real, na iminência de se implementar, escorre pelas veias, alimenta a lágrima pequena e lhe foge pela escrita. Nunca é; sempre se torna no âmago dessa vida de entranhas, o seu eu brutal - máquina de combustão interna", um outro. Movimento intenso e, no mesmo passo, de frágil delicadeza:

Mas, a sensação de tudo estar
Por um fio
Ainda lhe enchia o peito
A máxima felicidade o fragilizava
Estranhamente.

O fazimento do tecido da vida se dando por seu avesso, seu desfazimento e flerte com a morte nos Epitáfios de tantos poetas: nossas cecílias e vinícius, andróginos, meigos e violentos, pelas praias da madrugada*.

Este mesmo poeta, porém, faz da metafísica, matéria e se deixa educar por Cabral*:

De mim só conheço
Pontas e arestas
Preciso espelho para reconhecer
Meu lado de fora.
Estou como um vício de ser,
Pontiagudo
Relva seca em plena estiagem

Em vida de pedra e sonho, a escrita poética impregna o ato da leitura de fluxos sonoros e imagens sensíveis que promovem vislumbres do sujeito escrevente, tocando experiências para além e aquém de si, mesmo porque o si funciona como zona de tensão e combate incessantes.

Então, o inumano se adensa nas frestas que a linguagem deixa entrever:

Como ursos hibernando
Ou vulcões ativos
Cravaram-se na rocha
Em vozes pontudas,
Olhares turvos, amarelados
De quem não conhece piedade.

Uma relação inorgânica com o que se afigura natural vira efeito de uma sanidade de vidro, que desfaz a necessária disjunção entre cultura e natureza; humanidade e animalidade. A palavra – lugar por excelência da alma sem lugar – em suas mil faces secretas sob a face neutra*; para não virar tralha, a mama palavra* recebe sua justa e desnuda homenagem.

Palavras são clareiras
Repletas de silêncios
Cruamente nuas, suspensas,
Roubadas
Da selva da estupidez.

Feito de palavra e feito palavra, o sujeito se faz entre o histórico e o mítico, nos entreatos da memória e do esquecimento para capturar o lírico e o dolorido do instante. A poesia que se vai ler neste livro é lírica. Não se espere menos dela. Mas cada ato lírico traz consigo também a força da irrupção de uma dor, como uma ferida que quer estourar pelo avesso da pele.

Encontro no pesadelo
Mais um motivo para dormir.
Atravesso infernos
Quentes e frios.
Piso cobras de todas as cores,
Mordo marimbondos
E vou vivendo normalmente.

À Rimbaud, a estética do intenso risco, do abismal, do infernal povoa imagens e sensações que sentimos ao ler esses poemas. Lê-los é arriscar-se intensamente. Não há meio do caminho. Há precipício e há vertigem do olhar, mesmo se as pálpebras insistem em nos fazer cair em sono ingênuo.

A tortura do corpo, aquilo que resta após o massacre da alma, o resto de culpa – tudo isso que é tão pouco e que também é tudo – desmancha-se ao se desrealizar no trabalho poético. Sobrevivente e, portanto, subtraído à noção da gravidade, perde a noção do que é grave* nosso poeta, movendo-se entre versos e fragmentos de mundo por quereres* transitórios e incapturáveis.

Estrangeiro em toda parte
Com o passado envolto em névoas
Refugio-me em meu exército de palavras
E minha alma cada vez menos minha.
A incerteza me fortalece
Por entre passos trôpegos
Enquanto os mecanismos do relógio
Mastigam o tempo
Como palitos de dentes
E eu, parvo ou poeta
Vou sobrevivendo esse tanto.

Luiz Alberto Mendes, o escritor que você vai ler agora (ou que te lerá, quem sabe?) é feito de músculos, de memórias, de sangue, de delicadeza e crueldade. Romancista, memorialista, contista e dramaturgo, deixa seu rastro na literatura brasileira com a sede e a fome característica de nossos mais intensos poetas.

Denise Carrascosa**
Salvador, 20 de setembro de 2013.
Às vésperas da Primavera.

*Poemas por ordem de citação: Epitáfio de Cecília Meireles; Epitáfio de Vinícius de Moraes; A Educação pela Pedra de João Cabral de Melo Neto; Procura da Poesia de Carlos Drummond Andrade; Mama Palavra de Arnaldo Antunes; 7 razões pra não chorar de Cassiano Ricardo; O Quereres de Caetano Veloso.

**Denise Carrascosa é doutora em Teorias e Crítica da Literatura e da Cultura e professora de Literaturas de Língua Inglesa da Universidade Federal da Bahia.

Com um passo
Que mal se vê
A vida vai
Levando você

25.805
(Minha matrícula no sistema prisional de São Paulo)

Menino vê se te cresce
Senão o mundo se acaba
E te esquece.
Afina teu ouro e tua prata
E tenha contigo
Do fundo de seus segredos
Que não salvaras senão a ti mesmo.
És uma estrela e não sabes
Porque teu brilho se apaga enquanto
A consciência de todos adormece.
Afirme que as ameaças não te tremem
Que preferes o medo das caras assustadas.
Grite, berre sua dor pelos olhos úmidos
Mesmo em pleno vão.
Fale de teu sangue derramado nas calçadas
Das lágrimas de fome e frio que choraste
E das duras balas que recebeste.
Candelárias,
Malditas candelárias!
Faça tremer aqueles que comungaram
E opinaram pelo teu sacrifício.
Escape de ser mais um número
Menino vê se te cresce
Senão o mundo acaba
Que te esquece.

DESCONFORTO
Luiz Alberto Mendes

DE FATO

Gosto de me perder
Por algum tempo
Antes de voltar
Para o perigo que consisto.
Pesado de chumbo
Vivo a cair sem nunca
Chegar ao fundo.
Sinto que me ajudaria mais
Se estivesse mais distante de mim.
Amigo e inimigo
Sou segredo em mãos escravas
Tolo e estranho de mim mesmo
Vago como superfície
Querendo saber o que acontece
Sem saber o que acontece
De fato.

DESCONFORTO
Luiz Alberto Mendes

EU

Sempre quis antes
Que os outros.
Andei, falei antes do tempo
E me machuquei muito mais.
Aprendi a cair antes
De aprender a correr
E quando pude correr
Não parei jamais.
Separei antes de amar
Quis sorrir antes de sofrer
E fui embora sempre
Que deveria ter ficado.
Já estava deslumbrado
Antes de me embriagar.
Conheci a todos
Muito antes de me conhecer
E me arrependi
Por não haver me arrependido.
Gritei quando devia calar,
Dividi quando devia somar
E jamais pude multiplicar.
Fui convencido
Antes de entender,
E condenado antes
Que pudesse errar.
O fato é que quis ser antes
E a verdade
Só veio muito depois.

DESCONFORTO
Luiz Alberto Mendes

EPITÁFIO

Se perguntarem,
Digam que roubei,
Que até matei
Mas não esqueçam de dizer
Que tive a infância massacrada
Que fui torturado
Espancado
De todas as formas possíveis.
Que vivi preso feito bicho
A vida toda
Em jaulas de concreto e ferro duro.
Que também me roubaram
Assaltaram
E me mataram
De muitas mortes
Eu é que fui teimoso
Em sobreviver.

QUANTAS VEZES...

Quantas vezes chorei baixinho
Com medo de despertar a dor
Que dormia calada...
Quantas vezes sonhei com uma vida maior
Do que aquela que me continha...
Quantas vezes a ânsia, o desespero
E a voracidade de viver
Foram maiores que meu corpo e circunstâncias...
Quantas vezes estive à margem
De mim mesmo e não atravessei
Não ousei e fiquei de olhar baixo
Sentindo minha vida tomando a forma
Da minha vontade relaxada...

DESCONFORTO
Luiz Alberto Mendes

OUTROS

Não há nada que não tenha sido pensado
Na preocupação de nos reinventar
Para agradar aos outros.
E viver não é, absolutamente,
Deixar-se consumir pela necessidade
Da aprovação dos outros.
Somos efêmeros, de curta duração
Temos sido mantidos contentes
Porque tamanha preocupação?
No fundo parece que tudo quer ser amado
Como os cães com festas e as plantas com flores
Alguém para encostar a cabeça no peito
E ouvir a respiração...

INTERPRETAÇÃO

O sol a tudo penetrava em flechas de luz
Invadindo pelas frinchas da janela
Pintando o ar de poeira dourada que se movia...
Como expor toda aquela dor,
Inventar palavras que jamais foram ditas
E nem se sente vontade dizer...
Parece que consumimos toda alegria que havia
Em nossa estranha vivência de pedra e sonho
Que interpretamos sem ensaiar.

NÃO ME VEJO

De mim só conheço
Pontas e arestas
Preciso espelho para reconhecer
Meu lado de fora.
Estou como um vício de ser,
Pontiagudo
Relva seca em plena estiagem
Entre o alvoroço e o remanso
Não me vejo
E nem me alcanço.

DESCONFORTO
Luiz Alberto Mendes

PROCURAR

Procurava um ponto de encontro
Comigo para sair
Nunca soube bem do que
Talvez de mim mesmo
Do que em mim
Era detestável.

CLARO E ESCURO

Um dia passado
É um tempo vivido
Um amor acabado
Um mal entendido

Disse um dia um poeta
Em sua poesia
Em rima repleta
De dor e agonia

Um beijo de amor
É um bem que agrilhoa
Um doce insabor
Um gozo que escoa

Um corpo desnudo
É um grito silente
Um diálogo mudo
Num hálito quente

Disse-me um dia um poeta
Com certo pesar
Tem ponta que espeta
Veneno sem par

DESCONFORTO
Luiz Alberto Mendes

Um ser que não ama
É um tiro no muro
Um quarto sem cama
Um claro no escuro

Um dia passado
É um tempo esvaído
Uma noite acordado
Um mal contraído

Disse-me um dia um poeta
Com certa ironia
É mágoa secreta
Um dardo na estria.

O QUE FAZEMOS DE NÓS

Nossos medos são infantis
Nossas coragens mentirosas
Já não sonhamos porque nem dormimos
Precisamos de banheiro para nos manter humanos
Cair para prosseguir humildes
Trabalhar para nos sentir úteis
Sofrer toda dor para alcançar a compaixão
Rasgar em tiras para poder nos emendar
E morrer para nos sentir vivos.

PERDIDO

Vivo tudo a ultrapassar
Que nem percebo que estou passando
Aqui, sem me olhar
Perdido de mim
Sem por mim me dar.

DESCONFORTO
Luiz Alberto Mendes

RENASCER

Cavei em mim o instinto de existir
E gritei,
Enquanto em pedaços breves
A dor se evaporava
Recolhida em seu deserto.
Tudo era tão grande
E porque quis ser forte
Procurei renascer viçoso
Embora não esperasse nenhum oásis.
As garras da sensatez
E os dentes da razão
Como ursos hibernando
Ou vulcões ativos
Cravaram-se na rocha
Em vozes pontudas,
Olhares turvos, amarelados
De quem não conhece piedade.

DESCONFORTO
Luiz Alberto Mendes

DIA

Queria, a cada nova manhã
Escancarar a janela
Enxergar o dia
Antes que ele abrisse os olhos
Do rumoroso deserto de sonhos
Em que ainda se encerra...

SANIDADE

Nessas horas tão extremas
As últimas antes daquelas
Que não sabemos se virão
Implacáveis horas
De insônia noturna
Em que me viro pra lá
E pra cá
A britar o vidro frágil
De minha sanidade.

MÁQUINA

À borda do precipício
Que separa o que sou
Do que sou obrigado
Adultero fatos
Para escapar à crueldade
Giro os braços como naufrago
Fazendo sinais
A olhos ausentes
Como máquina de combustão interna
Brutal e secreta
A resfolegar...

FRÁGIL

Pensou liberdade
Fosse coisa de luz
Festa de vida
Tudo parecia mar reto
Régua de um mundo redondo
Mas, a sensação de tudo estar
Por um fio
Ainda lhe enchia o peito
A máxima felicidade o fragilizava
Estranhamente.

PALAVRAS

Palavras são clareiras
Repletas de silêncios
Cruamente nuas, suspensas,
Roubadas
Da selva da estupidez.

EM SI

Eu caí em mim
Como caem todos os destinos
Na realidade do momento.
E sorri apenas
Como um barco velho
Apodrecendo
Na praia deserta.

BONS TEMPOS

Acordei com um desses pensamentos suaves
Que nos ajudam a viver.
Era como se tivesse entrado no mundo
Pela primeira vez.
Em meu coração não havia
Um só compartimento que não estivesse
Inundado da mais comovente ternura
Algo assim redondo e macio.
Pontas frágeis de estrelas
E o brilho inseguro dos astros
Estavam comigo nessa hora clara
Em que rompo a noite nessa breve manhã
Longe do tempo da dor.

NORMALMENTE

Costuro esperança
Reforçando a roupa usada
Da vida.
Decoro meu caminho
De meus erros acumulados.
Encontro no pesadelo
Mais um motivo para dormir.
Atravesso infernos
Quentes e frios.
Piso cobras de todas as cores,
Mordo marimbondos
E vou vivendo normalmente.

DESCONFORTO
Luiz Alberto Mendes

BUSCA

De vida obscura, sem cavalo
Hospede forçado das superfícies
Vivo a castigar minha vida
Com meus gestos.
Desencadeio clima de guerra
E busco um som
Entre vozes que já não ouço
Palavras que já não sei dizer
E tudo que não percebo.
Ardentemente aspiro por saber
Porque tudo tem que ser assim?

DESCONFORTO
Luiz Alberto Mendes

SENTIDO

A vida arfa e confessa
Captura dobras e fendas
Da realidade.
As pessoas não evaporam
Precisam de um sentido
E o passado não é o avesso
A ser dito em linguagem de chamas
Golpeando o diapasão
Da vida.

TENTO

Tento entender o que esta se passando.
Talvez tudo tenha sido sempre assim.
A vida plástica, e o destino matemático.
Tento vencer todos meus desenganos:
Tudo se complexifica e o resultado é insondável.
Tento amar além do que estão me amando
Mas, de verdade, nem sei se entendo.
Tento apenas não usar como estão me usando.
Mas decidiram que a vida é assim
E que nada disso nos é estranho.

RAIOS E TROVÕES

Se pudesse arrancaria
Os trovões de minha boca
E os raios de minhas mãos.
Acabaria com toda essa mania
Suja de limpeza;
Viveria de realidades
E executaria todas ideologias.
Em provocação aberta
Ia passando, sem me olhar
Perdido de mim
Sem por mim me dar.
Seria menos justo, exigente
E cobraria menos
De mim.

DESCONFORTO
Luiz Alberto Mendes

DOR

Estiquei ao máximo
A ponta de cada um de meus nervos
Tangenciei abismos
Como uma cobra estrangulada.
Essa era minha selvagem
Forma de lidar
Com a dor.

SIGO

Não sou bom
Nem mau
Apenas triste, humano.
Trago a arder no peito
O tumulto das multidões
E a solidão dos cárceres.
A plenitude de ideais
Jamais realizados
E a miséria de tudo ver
E nada poder fazer.
Entre esperanças e descrenças
Sigo arrependendo-me
De todos os meus horrores.

DESCONFORTO
Luiz Alberto Mendes

OS OUTROS

Primeiro me machuquei com a vida
E na coexistência compreendi
Com os outros
Inferno.
Depois amei e vivi em demasia
E descobri com os outros
Felicidade.
Até que aprendi a ler com o coração
E vi inferno
Na ausência dos outros.

PEQUENA LÁGRIMA

Ela era inteira
Como um laço bem feito.
Uma presença definitiva
Tempestade que varre em círculos
Onde fervilham complexas contradições.
E eu, incompleto
Ermo de amor, fui tropeçando
Nas pedras esparramadas
E nas dobras do chão rompido
Como uma pequena lágrima a rolar
Atônita e perdida.

DESCONFORTO
Luiz Alberto Mendes

TRISTEZA COMPARTILHADA

Na noite fria não havia beleza
Tudo havia parado.
Senti na nuca, gelado como o vento
O sopro da tua tristeza.
Fiquei ali tão cansado
Enquanto me aprontava.
O medo
Essa longa saudade
Esse nó no peito.
Nossos caminhos tão incertos
E esse corte, essa morte
Apenas um menino pobre sem sorte.
As palavras tremiam em minha boca
Sem saída
A tua dor me beijava.
E na nudez da distância estávamos sozinhos
Mesmo que juntos.

DESCONFORTO
Luiz Alberto Mendes

ATINGIR

O instante escorrega esguio
Para dentro das paredes descascadas
E eu me penso:
Até que ponto estou longe de mim
Mergulhado em outros eus que invento;
Serei eu todos aqueles que construí?
Mas e essa saudades daquele eu primeiro
Que quanto tudo ficava branco
Vestia-se de preto
E atingia-se?

DESCONFORTO
Luiz Alberto Mendes

SEGUIR

Foi difícil aprender
A seguir por mim mesmo
Minha tristeza era certa
Como uma religião qualquer
Em oblíquas madrugadas.
Rastejei por entre pedras
Fechei os olhos ao longe
Gerei estrelas e infernos
No rastro breve das horas moles
Mas não podia me permitir
A seguir o sol
Pela sua sombra.

CULPADO

Cometo a besteira
De me iludir
Que jamais me quebrarão
Novamente.
De ser inocente quando me sinto
Tão culpado.

VAZIO

Havia um vazio
E nenhum outro vazio
Era tão grande
Nem o vazio da vida sem rumo
Que éramos submetidos.

AVIDEZ

Quando o ultimo fiapo de sonho se extinguiu
Eu já era um trem
A me fundir com as sombras.
Mergulhado em silêncio grosso,
Os nervos acompanhavam cada respiração
Descobri: o rigor de meus caminhos
Não teria fim.
De fracasso em fracasso
Encurtei o espaço entre o que eu era
E o que viria a ser.
E dos destroços e do aniquilamento
Cansado de perder e de nunca ter razão,
Escapei daqueles seres sem alma,
Daquelas vidas que sem querer, carreguei
Para dentro de minha história.
Na poeira, no cascalho dos meus enganos
Estava a argamassa viscosa
De minhas consequências.
Parece que todos que esperam
Seguros no medo de arriscar e perder
Estão mortos.
Parecem estátuas alimentando pombos.
Procuro indícios de mim, velhos inimigos
Que de tão antigos
Tornaram-se amigos.
Hoje, livre de meus vilões faço minha historia.

DESCONFORTO
Luiz Alberto Mendes

PARVO OU POETA

Estrangeiro em toda parte
Com o passado envolto em névoas
Refugio-me em meu exército de palavras
E minha alma cada vez menos minha.
A incerteza me fortalece
Por entre passos trôpegos
Enquanto os mecanismos do relógio
Mastigam o tempo
Como palitos de dentes
E eu, parvo ou poeta
Vou sobrevivendo esse tanto.

SOBREVIVENTE

Precisava ser desfeito
Para ser refeito.
A gravidade da vida me conservava vivo
Mas sem prumo
Sem o contrapeso existencial.
Protegia a liberdade
Das vontades submersas.
Engolia ideias inteiras pelas hastes
Tentando expropriar
Os últimos resíduos do sol
Que o dia deixara.

TENTANDO POESIA...

Espesso, em febre
Devasso como uma vadia
Roubo do tempo esse instante insólido
E exibo minha sordidez.
Fiel ao pecado de ser
Diante da consciência ameaçadora
Pesado, volto à antiga caminhada.
O metal duro da vontade me faz seguir
Sem medo algum
Por entre céus e infernos
Insolente e atrevido.
Voraz, o que não me coube
O desconhecido
O que não pude repartir
Entre suores ou lágrimas
Esse mesmo é que me fascina
Dentro dessa treva pura
Que represento ser.

CONFUSÃO

...e uma saudade vinda sei lá de onde:
De amar sem inventar,
De beber sem entristecer
E como ainda não enlouqueci
De tanta consciência do que faço.
Medo nunca foi freio
Antes motor, desafio constante
Mas cansei.
Cansei dessa gente que se engana;
Que cai do passado
Simulando presente
Como acordasse de um pesadelo.
Será que liberdade é estar
Onde sonho e não existe,
Ou na desumana necessidade
De morrer?

DURA AFLIÇÃO

De versos desperdiçados
Nas entrelinhas dos poetas
Vai voando o sonho
Sem dono, e aterrissa
Na minha palavra
Dominando minha história
Porque a vida é feita
De todas as coisas
E de dura aflição.

DESCONFORTO
Luiz Alberto Mendes

VERDADES

Absurdas, imorais, ilegais
Transgressoras reflexões
Em que vivemos mergulhados
Nessa vida mais intensa
Do mundo obscuro
De dentro de nós
Que faz de cada existência
Um acontecimento secreto
E longínquo demais
Para ser de verdade.

CAMINHOS

Não há novos caminhos,
Todos já foram trilhados.
Não há nada de diferente
Do que nossos olhos já viram.
Há sim uma nova maneira de ver
Os caminhos já caminhados.

DESCONFORTO
Luiz Alberto Mendes

FUGA

Escapo de tudo
Até de mim mesmo
Quando quero me perder.
Deixo de ser eu
Este ser cansativo e cheio de tédio.
Vivo a me livrar de mim
A me dar de graça
Há quem me queira

DESCONFORTO
Luiz Alberto Mendes

VIVO!

Cometi erros imperdoáveis;
Substitui valores insubstituíveis;
E tenho feito quase tudo por impulso.
Decepcionei pessoas que me não acreditei capaz
Matei, roubei e ri quando não podia.
Fui rejeitado, amado e não amei.
Gritei, pulei feito louco de tanta felicidade
Urrei e tranquei toda dor dentro de mim
E chorei ouvindo "Detalhes" do Roberto.
Poesia, pedaços de arte e paixões tórridas
Usei, usei mesmo quem se deixou usar.
Pensei fosse morrer de dor ao perder
Mas o fato disso não importar nem um pouco
Fez com que sobrevivesse e perdendo enriqueci
E com paixão e muito atrevimento
Cheguei onde estou:
Vivo!

DESCONFORTO
Luiz Alberto Mendes

A LUTA

Quando quis preencher de vida sua existência
O homem apontou para uma árvore
E imaginou-se no direito
De derrubar uma floresta.
Andando a esmo, tropeçou numa pedra
E em sua dor
Destruiu uma montanha.
Parou ao sentir o perfume de uma flor
E em sua louca ambição
Possuiu um jardim.
Por entre fios de sol
Que varavam os vidros da manhã
Respirou fundo
E levado por imperiosa vontade
Dominou tudo ao redor.
Sua vaidade cresceu diante daquela gente man-
sa
Ansioso, almejou a majestade
E quando tudo lhe parecia menor
Vestiu-se de rei.
Julgou-se culto e inteligente
Desprezou a sabedoria de seu pai
E castigou o filho.
Cansado de tudo possuir
Do fundo da sua insatisfação
Quis ser amado.
Escalou púlpitos, sofismou ideias

E intentou ser admirado.
Perdido naquela vida que lhe parecia impune
Iludido com o poder
Envolto em vaidade, perdeu o senso
Acreditou-se Deus.
Por fim, desesperado pelo vazio
Cavado em torno de si
Começou tudo de novo

DESCONFORTO
Luiz Alberto Mendes

OUVIR

Tentava me ouvir por dentro
Sabendo que nada escutaria.
Que sou impenetrável
E que estou perdido nessa longa loucura
De ser eu mesmo.
E que não haveria salvação para isso
Ouvia sem ouvir.

VIAGEM

No cativeiro de meus sentimentos
Senti a maior vontade de realinhar
As pedras do caminho
Podar todas as primaveras
Rever todas minhas palavras
E retirar, imediatamente,
Todas as cercas e muros
Diante meus olhos.

DESCONFORTO
Luiz Alberto Mendes

CONSUMO

Escrevo sempre
Aquilo que devia gritar
Remeto-me embora permaneça impermeável
Vivo, seco
Sempre tendo algo por dizer.
Como um vulto
Sigo desconhecido e irremediável
Nada me assusta
Nem de repente.
Tudo me parece feito para consumo
E eu aqui, estabanado
Como uma mãe aflita
A me preocupar...

DESCONFORTO
Luiz Alberto Mendes

LUGAR

Nunca fui um bom lugar
Nem para mim mesmo
Meu lugar sempre foi onde nunca estive
Possuía a inquietude do rio
Que não sabe se à frente
Vai encontrar margens para correr
Ou vai se desmanchar
Em enchente.

MEDO

O medo cresce
Na medida exata
De que somos capazes de imaginar
O que pode nos acontecer
Daqui para frente.
Medo é futuro

ENCANTO

Há uma magia
Um encanto em viver
Estar vivo entre os outros
Seres vivos
Como se ao dobrar a esquina
Tudo pudesse acontecer.

CLANDESTINO

A resistência necessitava
Ser crua
Os tendões precisavam
Ser alongados
Porque sangrariam
Desatinadamente.
O segredo seria alastrar-se
Pregar a insubordinação
E ressurgir sempre
Clandestino.

INCONTÍVIES

O sol coagulava vermelho
No horizonte inatingível
A tarde ia chegando
E mansamente mastigava
Vestígios do dia
Com seus dentes afiados.
O vento decepava flores
Com suas pesadas lâminas.
Luzes indecisas
Rolavam a esmo
A noite descia pálpebras negras
Sobre olhos baços
Lembranças antigas
Como a lua e o céu
A orientar nossos rumos
Incontíveis.

QUERER

Tudo o que queremos é compreender
E durar.
Adquirir espessura interior
Já que a vida em si
É amorfa
E espera definição.

QUERIA

Queria ser isso e fui aquilo
Queria ser revolucionário
E fui apenas bandido.
Queria ser forte
E fui unicamente mau.
Queria ser escritor
E sou trocador de palavras
Queria tanto vencer
E não vou poder ver minha vitória
Vou morrer antes
Que me entendam.
Queria saber
E só conheci minha desordem interior.
De repente não queria mais nada
Tudo era muito
Pouco.

DESCONFORTO
Luiz Alberto Mendes

DESCONHECIDO

De mim só conheço pontas e arestas
Preciso espelho para reconhecer
Meu lado de fora.
Estou como um vício de ser, pontiagudo
Relva seca em plena estiagem
Entre o alvoroço e o remanso
Não me vejo
Porque não me alcanço.

DESCONFORTO
Luiz Alberto Mendes

CONSCIÊNCIA

Respirei fundo e escutei
Minha vida:
A consciência
Esse buraco impreenchível
Apontava futuros
Para o presente esmagado
Pelo peso
De tantos passados.

QUANDO

Vestindo ideias de palavras
Sofrendo de um sonho impossível
Lutando quando tudo me leva a ceder
Tento superar o insuperável preconceito
O medo que todos têm
E não me vender, quando tudo já tem preço
Vencer as prisões e cravar os pés no chão.
Porque tudo é terrível demais,
Penso se vale todo esse delírio
Essa miserável aflição.
Quando me libertarei dessas guerras
Dessa febre
E viverei outros mundos
Vestirei palavras de ideias e sentirei
Que a vida pode dar certo?

DESCONFORTO
Luiz Alberto Mendes

INSÔNIA

Na noite escassa que se rompia
Calei em mim o instinto de existir
E gritei um ruído áspero de fazer silêncios
Enquanto em pedaços breves
A dor se escondia como folhas secas
Que ao pensar perdiam-se para o vento
Tudo era tão conhecido
Que dava para desconhecer
Por isso olhava lento
Como que por dentro da escuridão
Tentando acostumar para poder entender
E talvez um dia conseguir dormir.

DESCONFORTO
Luiz Alberto Mendes

COMO UMA PEDRA

Subitamente só
A poeira do chão
Entrava no sapato
Enquanto os olhos tomavam
A madrugada de surpresa.
Prédios tatuados de horríveis grafites
Às margens de rios mortos
De lodo podre.
À frente, disforme e inatingível
Na rua
Seguia o homem
Pesado de história
E só, como uma pedra.

DESCONFORTO
Luiz Alberto Mendes

HUMANISMO

Era um sentimento fino
Absoluto. Agora e adiante.
De uma coragem de zarcão
Ou de branco antes das cores.
O passeio das mãos sobre a pele
Deslocava meu centro
Como estivesse fugindo de casa
Navegando em rios profundos
Com medo de já haver consumido
Todos os prazeres da inquietude
De uma vida apaixonada.

DESCONFORTO
Luiz Alberto Mendes

SONHO

Procuro um sonho
Um sonho nunca usado
Virgem.
Procuro uma ideia num sonho
Algo que me leve além
Dessa vida atrasada e sem paradeiro
Onde tudo é muito pouco
E nada me satisfaz.

DESCONFORTO
Luiz Alberto Mendes

FUTUROS

Futuros são curtos
Desaparecem
Deixam apenas
O interminável presente
Sem surpresas,
Numa sucessão de dias
Que se emendam.

VONTADE

A insaciável fome de existir
Esta na vontade sem esperança
Atrás da alegria sem causa
Felicidade sem dia seguinte
De quem dança e briga
Torce e reza
Goza e existe
De todas as maneiras
Como se não houvesse amanhã.

MELANCOLIA

Lá fora
Como brancas e esguias mãos
A chuva fazia rendas de luz
Enquanto o vento chorava
E rezava pela janela
O silêncio narcótico e o ar viciado
Envenenavam à tarde
De melancolia.

DESPEDIDA

Cavem meu túmulo com pás e enxadas
Não deixem que as máquinas se intrometam
Com minha última morada.
E digam que nada nessa vida me deixou satisfeito
Que fui tão infeliz quanto pude.
Coloquem meu corpo em caixão barato
É tudo que ele merece.

DESCONFORTO
Luiz Alberto Mendes

TESTAMENTO

Aos bocados a vida vai cobrando
Por toda generosidade desperdiçada.
Deixo namoradas perdidas na memória
Sempre tão dolorosamente lembradas
Ternos sonhos que me cegaram.
Deixo pobres amigos, frios olhos de espada
Ou trágicos punhais, lâminas geladas
Onde conheci estranho mal
Aquele dos abandonos cruéis.
Tantas surpresas deixo-as todas
Junto com meu sangue derramado nas calçadas.
Em meu grito rouco deixo à revolta
De jamais aceitar e nada poder mudar.
Deixo também a vida correr até o fim
Sem cantar ou rir.
E na tristeza de meus olhos deixo a ilusão
De tanto haver amado o sonho de ser amado.
Não tenho gestos, um sorriso sequer
Para deixar.
O frio que trago por dentro me corta
E a angústia vai devorando o que me resta
Da vontade de viver.
Morro como quem se liberta.

DESCONFORTO
Luiz Alberto Mendes

RELER

Releio sempre
Não apenas decifro palavras
Atribuo novos sentidos.
Porque ler novamente
Não é ler a mesma coisa

DESCONFORTO
Luiz Alberto Mendes

Esta obra foi composta em Rockwell
em Novembro de 2013,
para a **Editora Reformatório**.

www.reformatorio.com.br